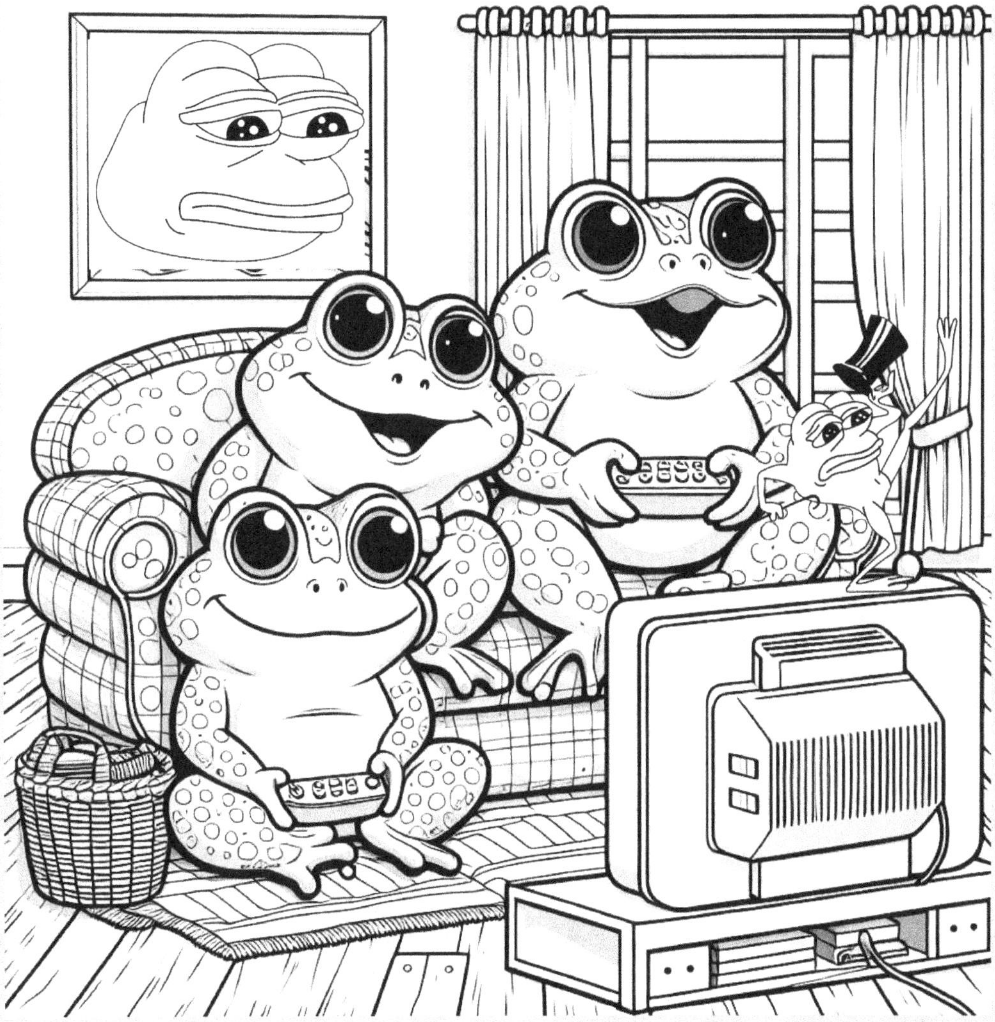

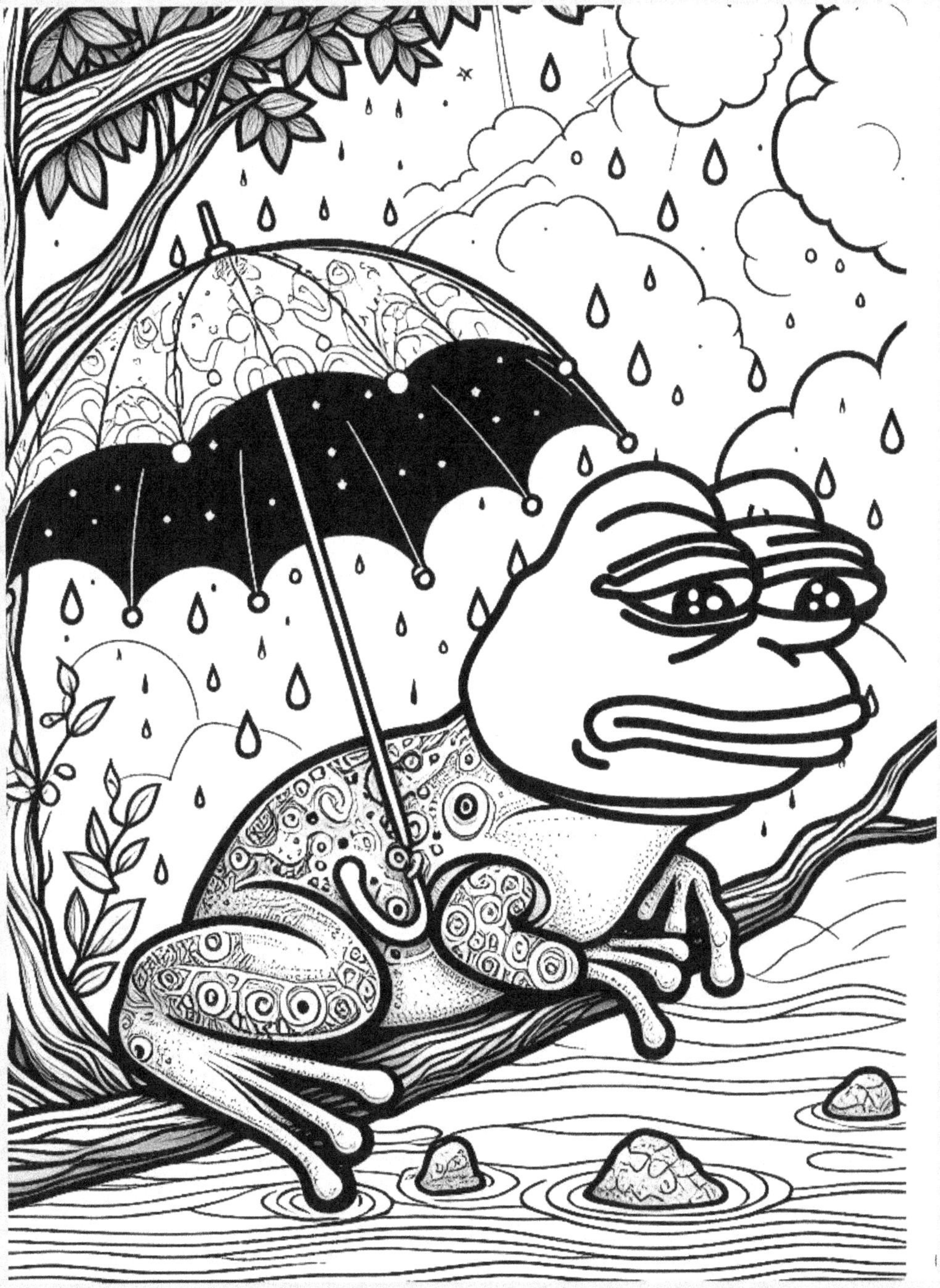

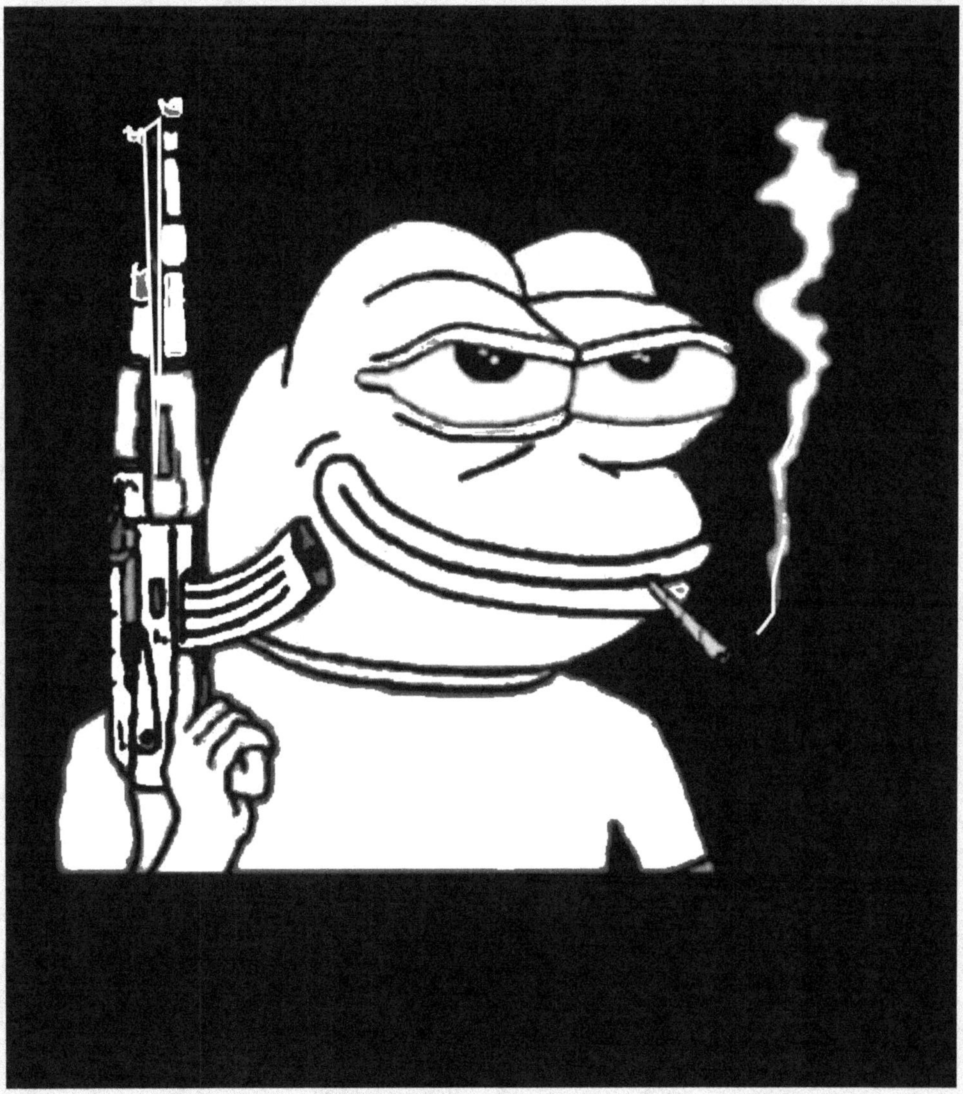

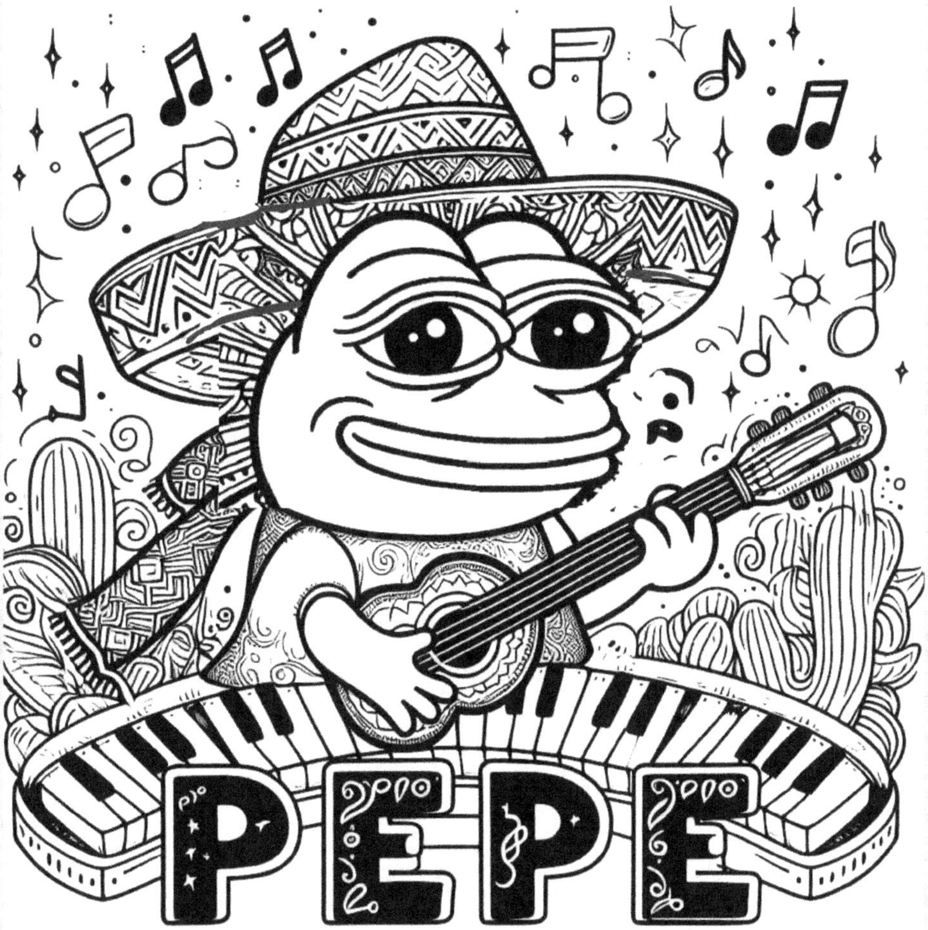
PEPE

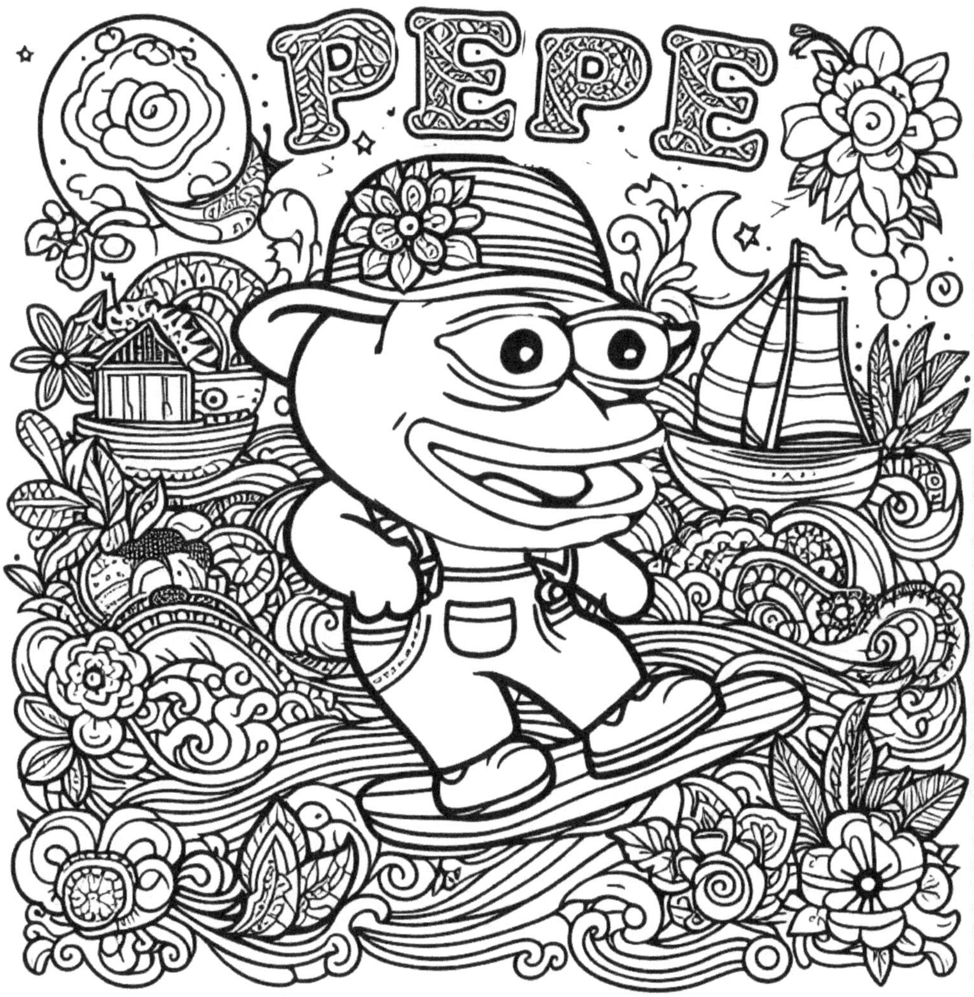
PEPE

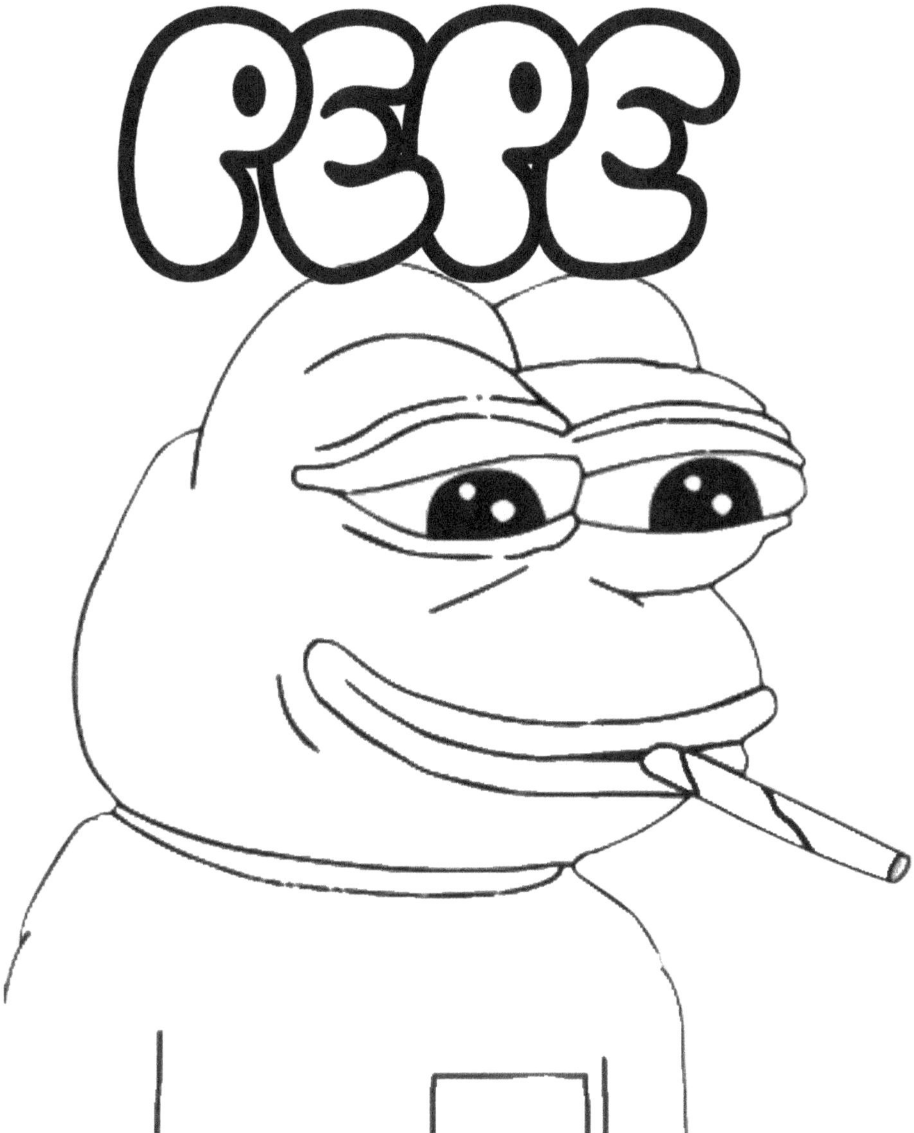
PEPE

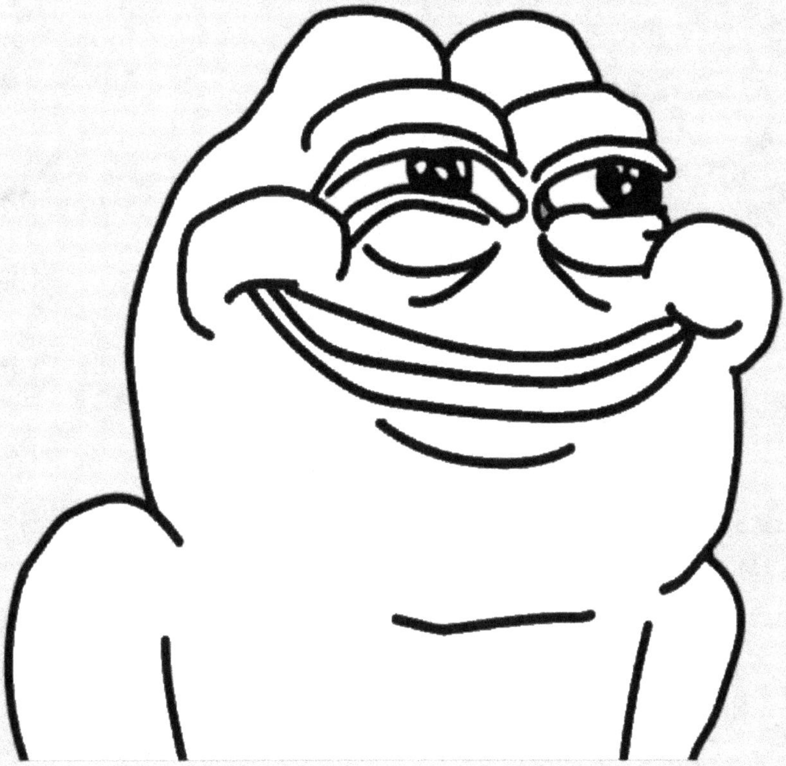

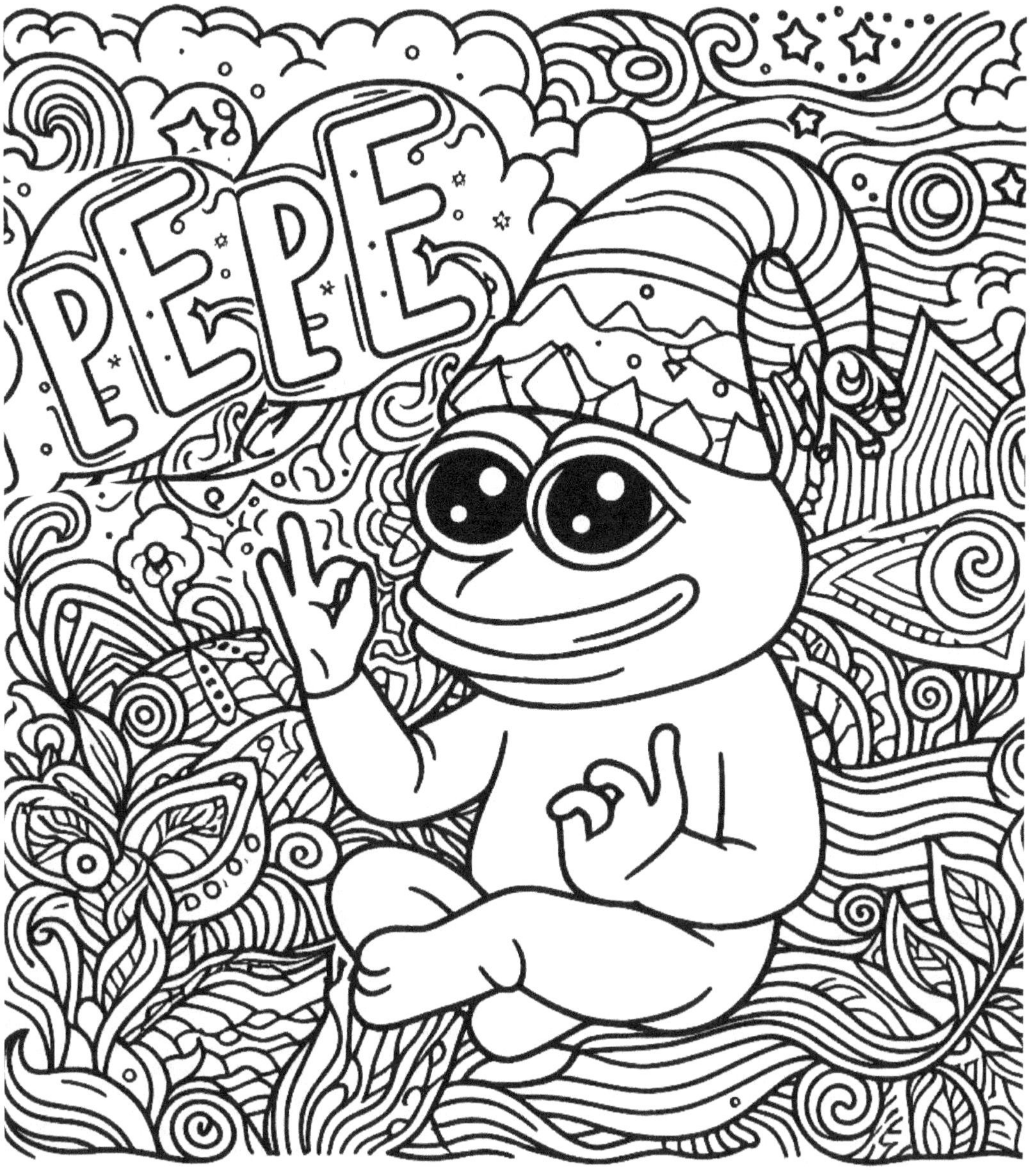
PEPE

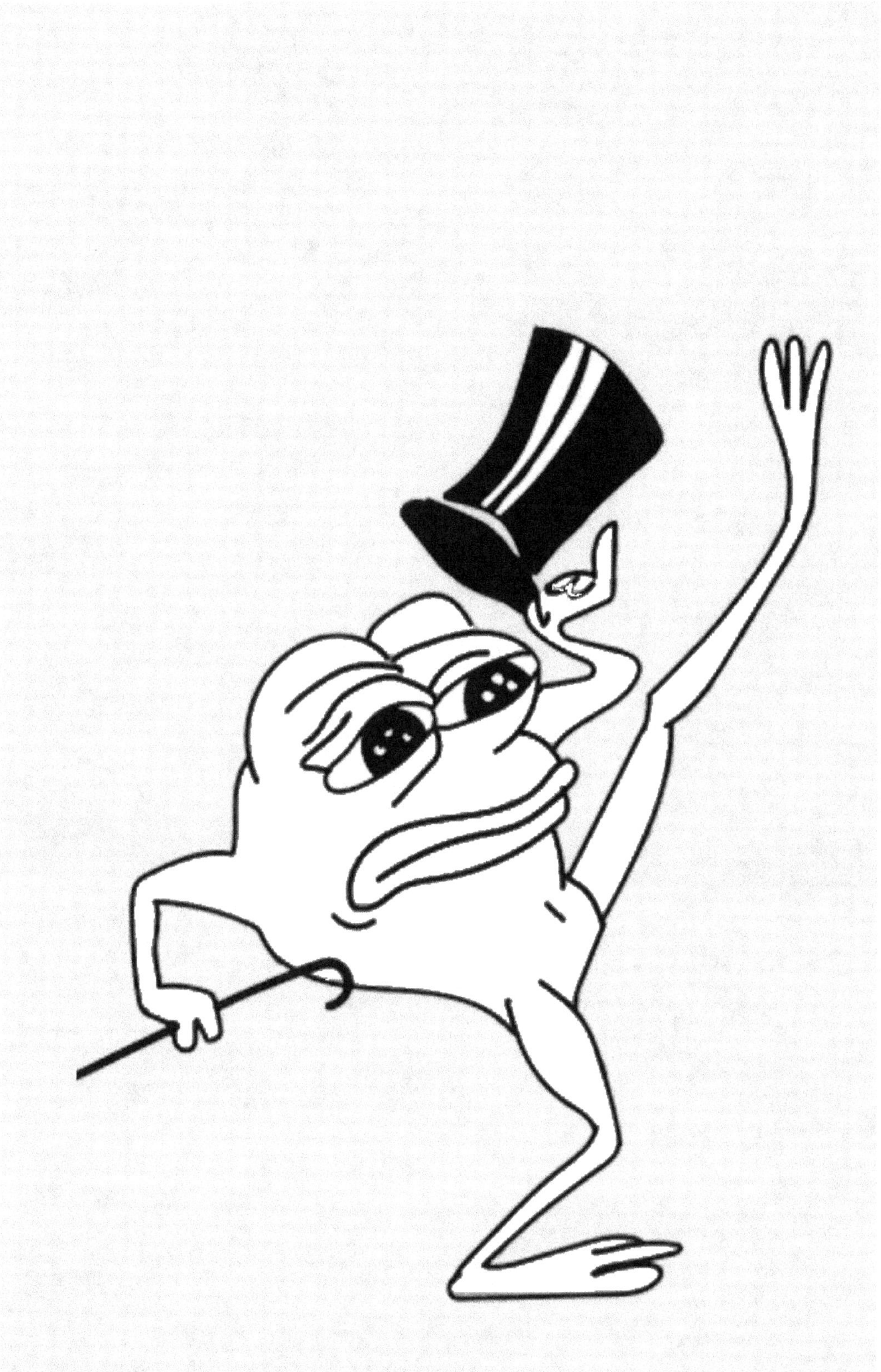

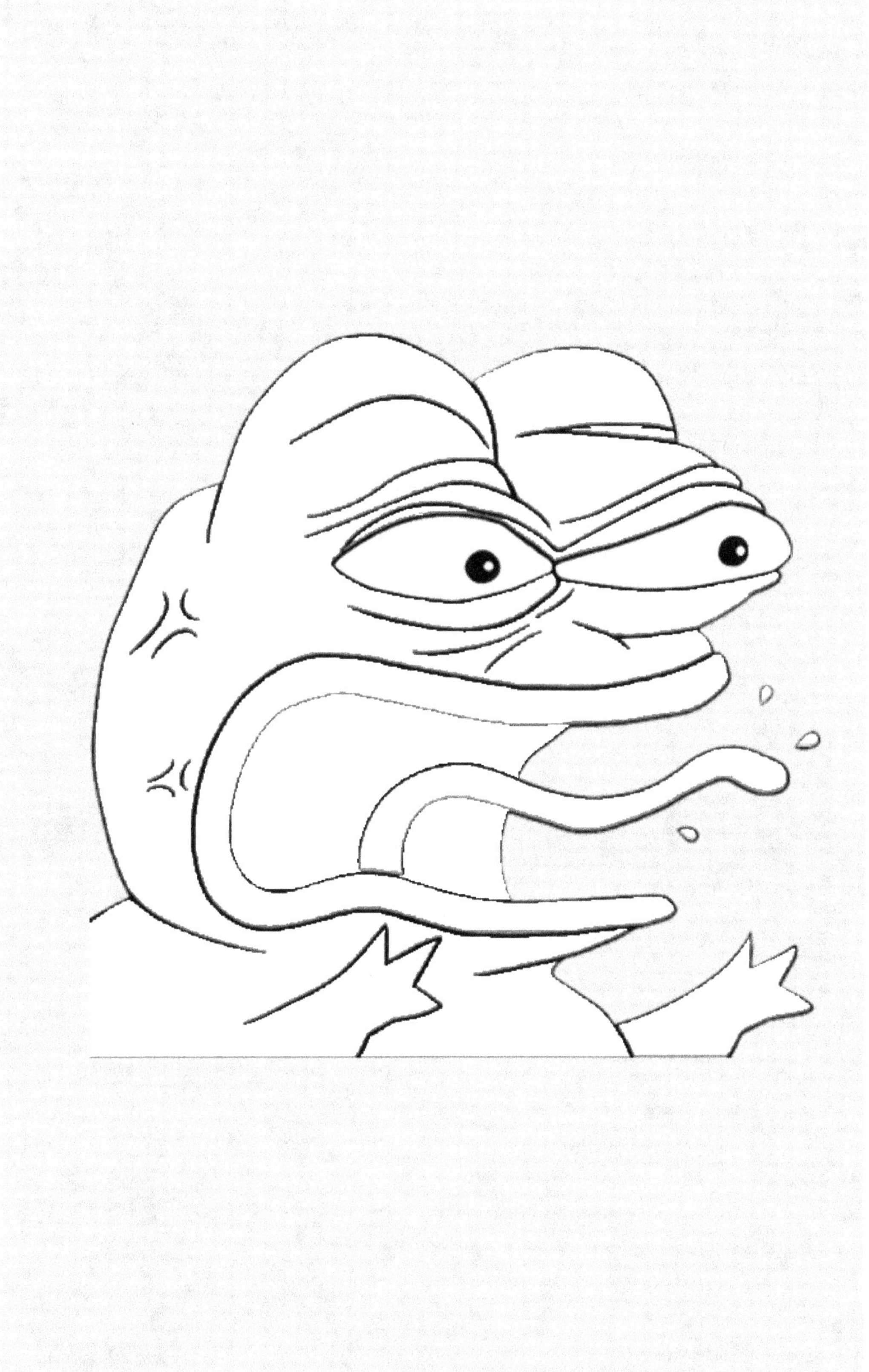

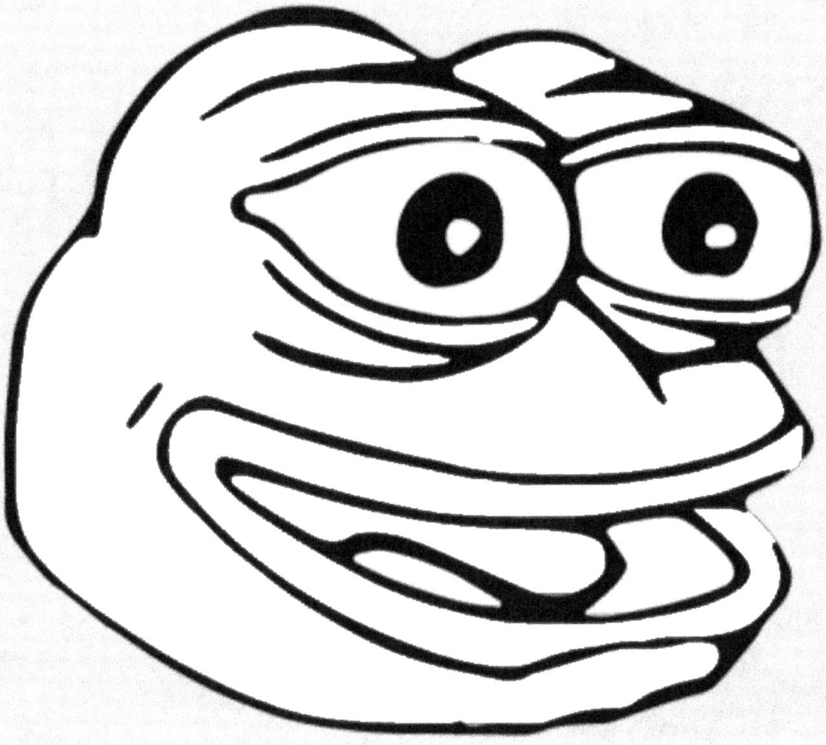

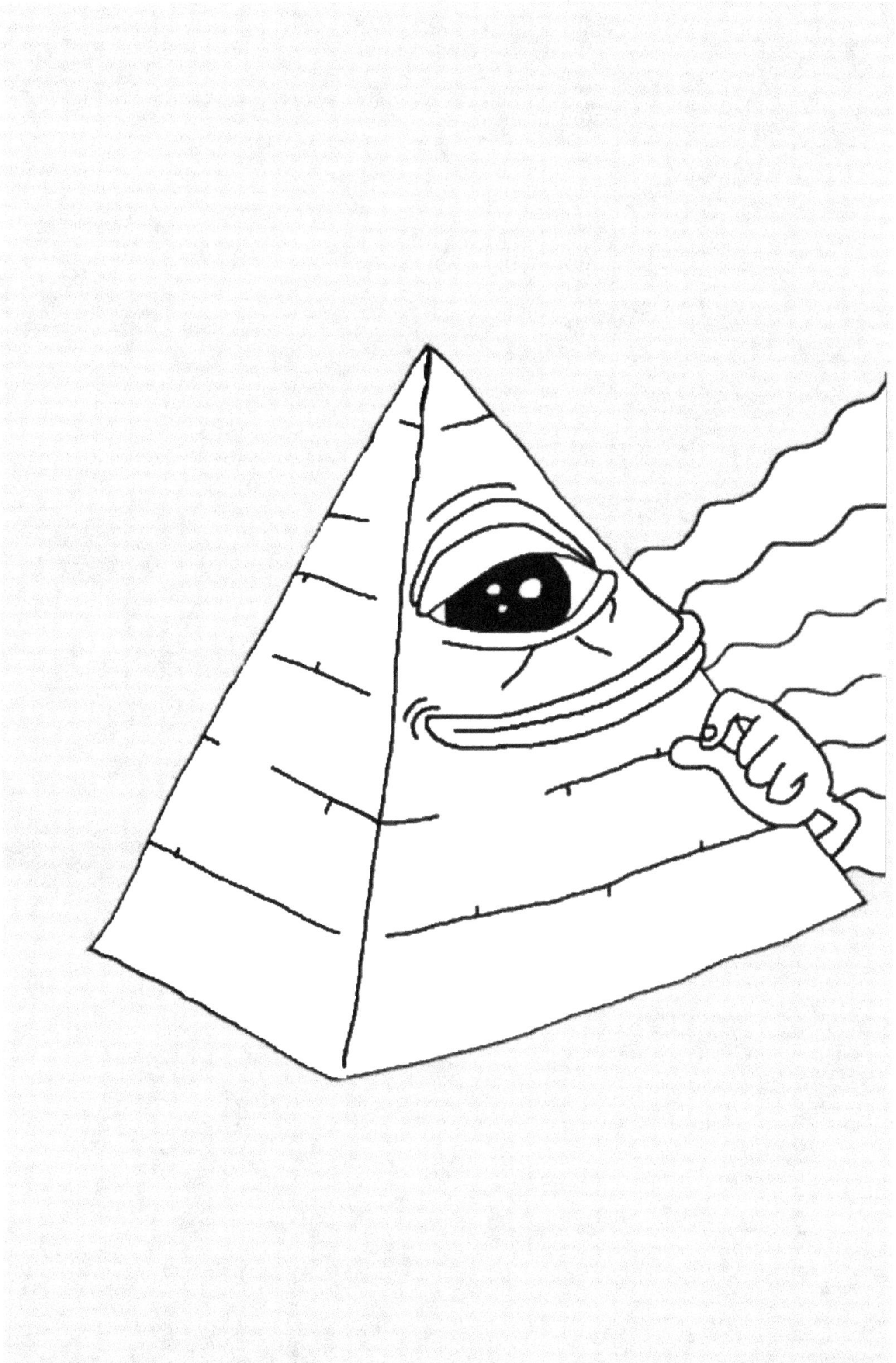

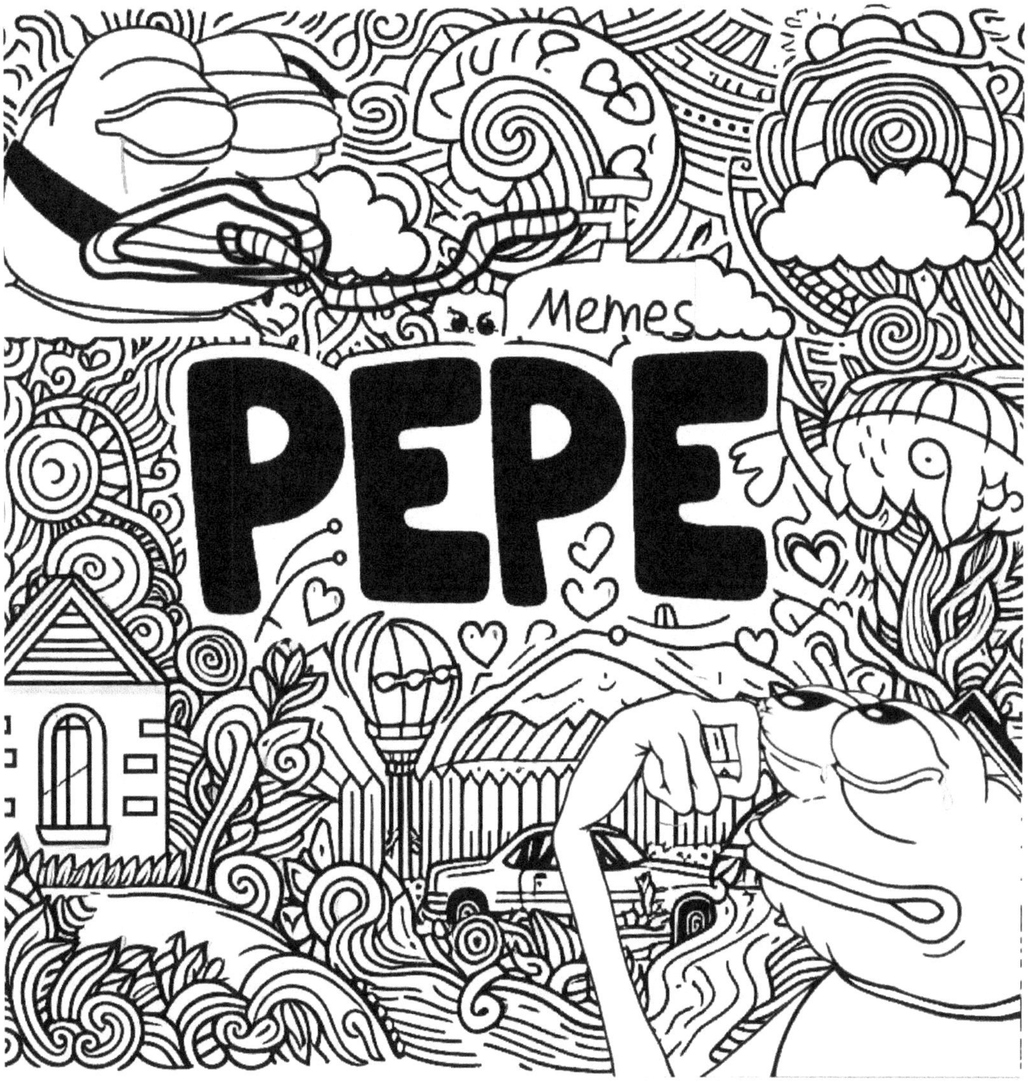
Memes
PEPE

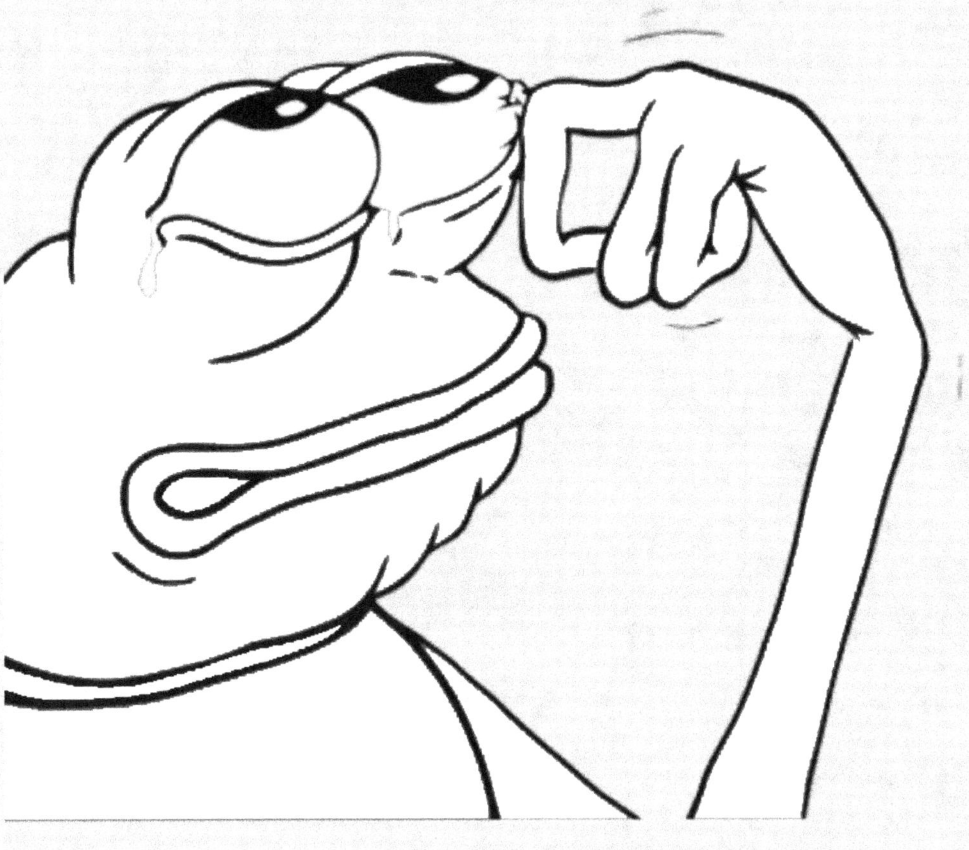

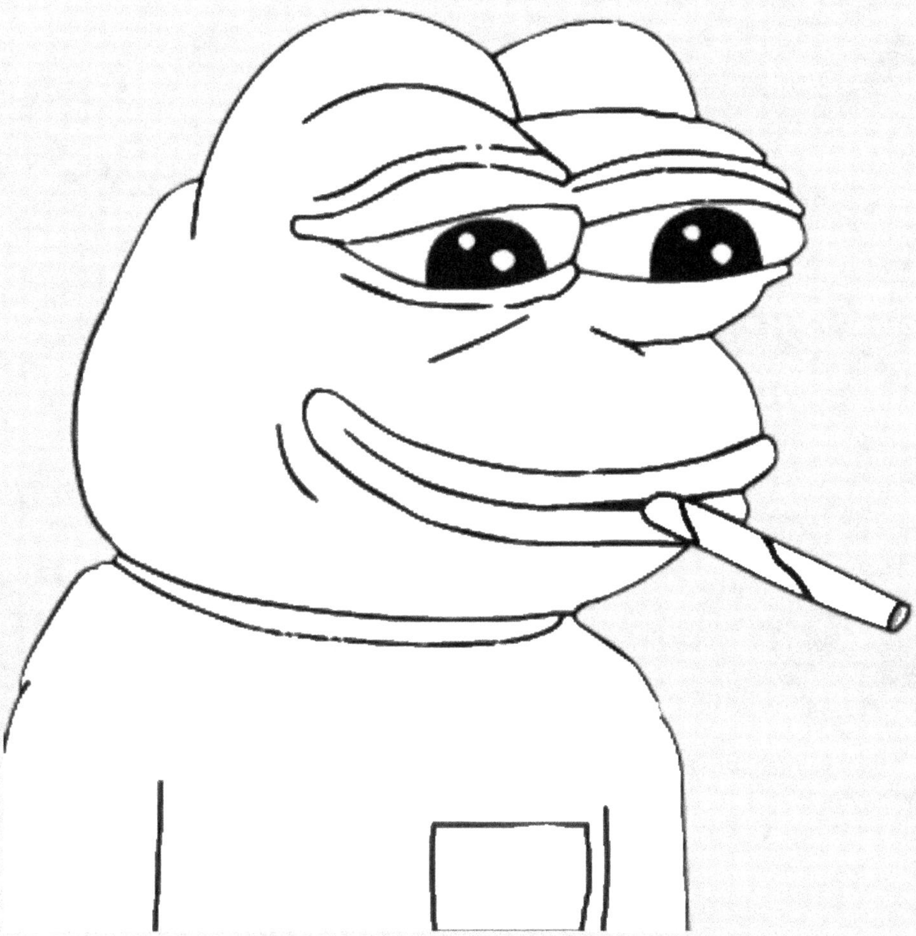

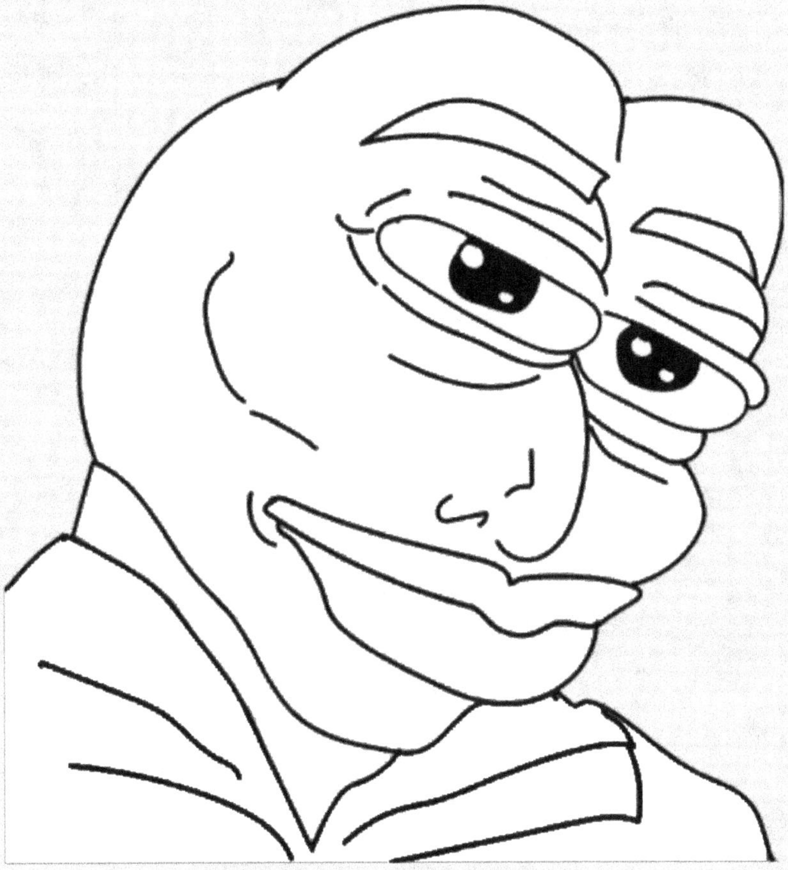

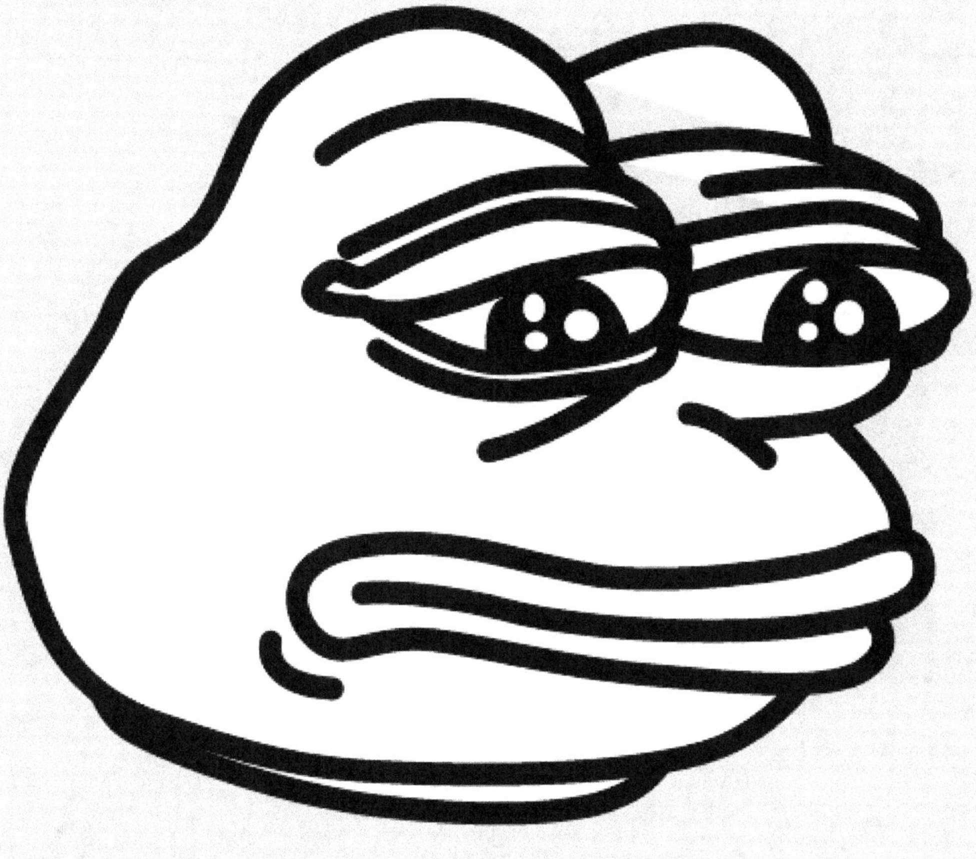

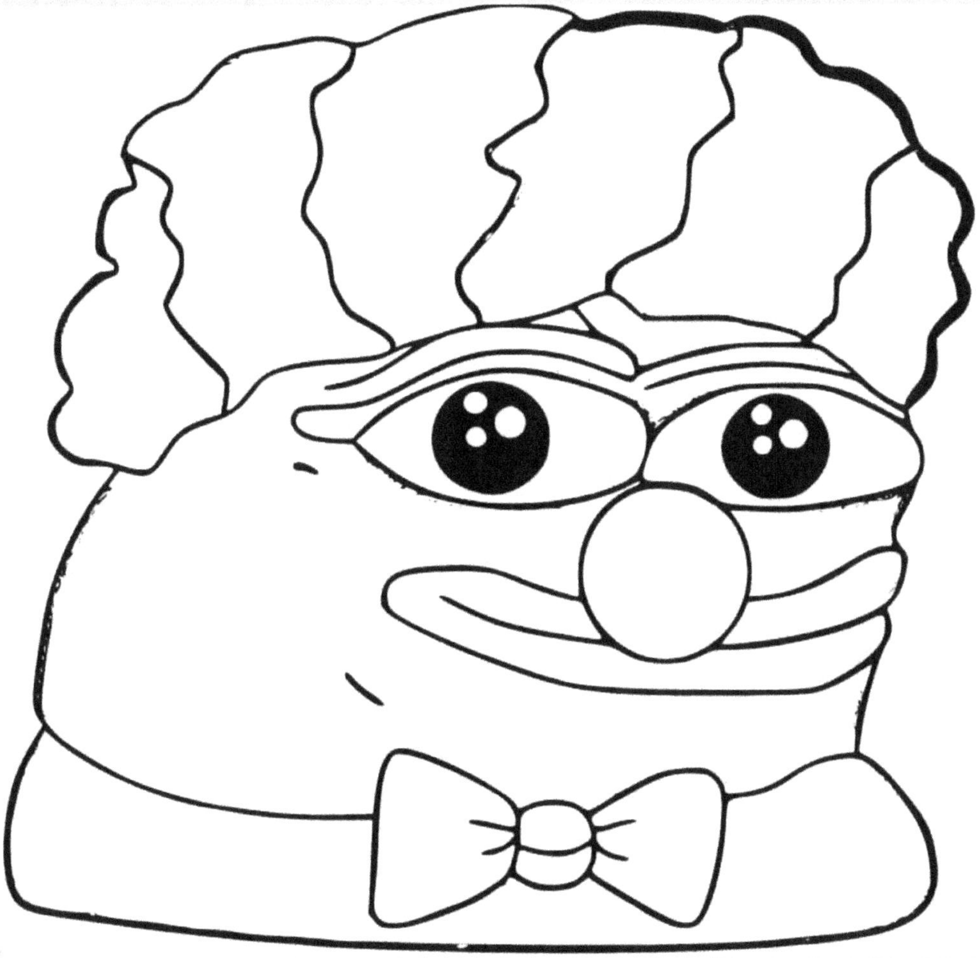

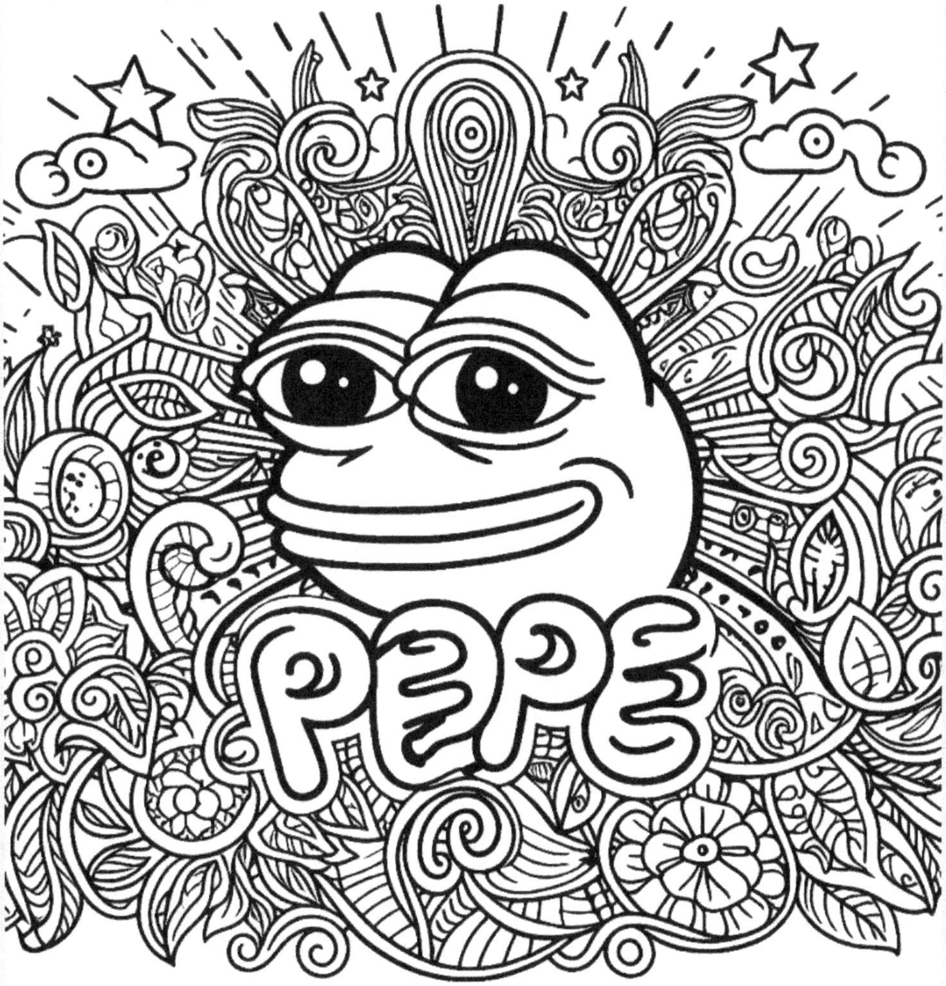
PEPE

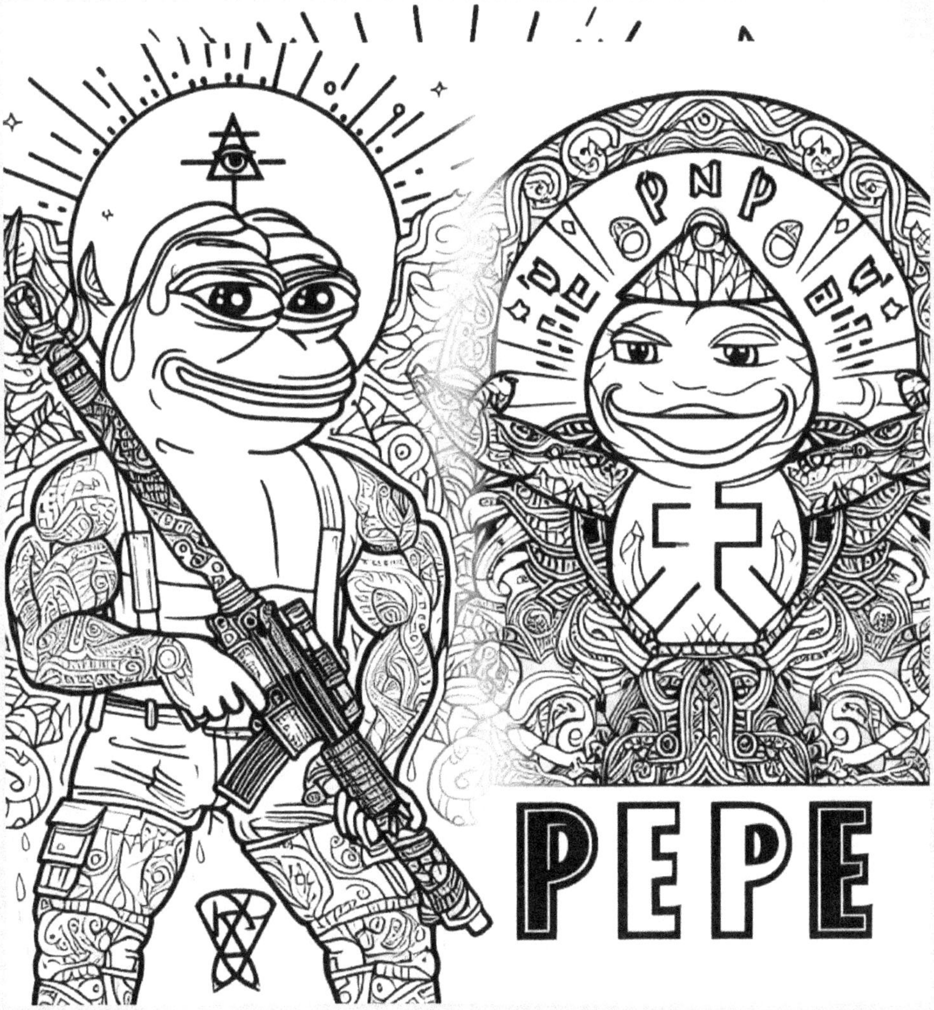

PEPE

www.ingramcontent.com/pod-product-compliance
Lightning Source LLC
Chambersburg PA
CBHW081312180526
45170CB00007B/2667